Cuando los Niños Oran

Samantha Pegues

Dedicación

Este libro está dedicado a mis sobrinos, Santiago, Dre, JaRecus (RIP), Tay, CJ, Jahmal, Bricen, y Cooper; mi sobrina, Tia; mis sobrinos nietos Adaysia, Kailyn, Christian, y Ivory; mis ahijados Xavian, Samuel, Ty y Kennedi; y para todos los niños del mundo. Ustedes son especiales para Dios.

Contenidos

Siguiendo las reglas

En el primer día de clases, Carlos y Juan entraron en su salón de clases. Sra. Diaz había escrito en la pizarra una regla importante para su clase:

¡Mantén tus manos, pies, y todos los demás objetos a ti mismo!

Juan preguntó, "¿Por qué tenemos que seguir esa regla?"

Carlos respondió, "Es importante seguir las reglas dadas por los maestros y los padres. Las reglas ayudan a mantenernos a nosotros y a los que nos rodean seguros. Debemos recordar que nadie debe poner sus manos sobre nosotros o golpear con algún objeto mientras estamos en la escuela. Si alguien nos toca, debemos avisarle rápidamente a un adulto. Aunque las reglas pueden parecer tontas o difíciles de seguir, debemos obedecer para evitar hacernos daño o lastimar a otra persona."

Carlos comenzó a orar: Querido Dios, tú eres nuestro protector. Hay seguridad en ti. Gracias por mantenernos seguros, incluso cuando no obedecemos las reglas de nuestros padres y maestros. Perdónanos por no seguir tus instrucciones. Ayúdanos a mantener tus mandamientos y seguir las reglas dadas a nosotros por los adultos. Enséñanos a ser hijos respetuosos y obedientes. Amén.

Cuando los niños oran, seguir las reglas se vuelve más fácil.

Regla de Dios: "Hijos, obedeced a vuestros padres en el Señor, porque esto es justo" - Efesios 6: 1, VEI

¿Qué otras normas tus maestros y padres tienen para tu seguridad?

Hijo mío, presta atención a lo que tu padre y tu madre te dicen.
-Proverbios 1:8, GNT

Diferencias

Katrina y Sabrina son gemelos. A pesar de que se parecen, son muy diferentes. El color favorito de Katrina es de color amarillo, pero Sabrina ama el púrpura. El mejor amigo de Katrina es un niño llamado Diego. Diego es de los Estados Unidos y él puede hablar inglés. Él dice: "¿What's up?" En lugar de decir, "¿Qué pasa?" Felipe es el mejor amigo de Sabrina. Katrina y Sabrina han estado pasando momentos difíciles en la escuela. Los otros estudiantes los molestan debido a la raza de su mejor amigo. Sabrina y Katrina son negros, pero Deiego es hispano, y Felipe es de color blanco. Las niñas y los niños blancos les dicen cosas malas a ellos como, "Tienen que mantenerse con los de su propia raza", mientras que los negros dicen, "¿Cómo puedes ser amigo de alguien cuyos antepasados hicieron a tus antepasados esclavos?" Les duelen sus sentimientos cuando los otros niños hacen esos comentarios porque no los criaron para juzgar a las personas por el color de su piel. Sus padres les enseñaron a amar a las personas por lo que son en el interior, no por cómo se ven en el exterior. Cuando Katrina mira a Diego, ella ve a alguien que la hace reír cuando está triste. Cuando Sabrina mira a Felipe, ve un niño que siempre le da dulces y caminan juntos a su casa desde la escuela para asegurarse de que está a salvo.

Es importante tratar a todas las personas con respeto. Dios nos creó en diferentes colores, formas y tamaños, pero todos somos iguales a pesar de que tal vez no tenemos el mismo aspecto o no hablamos el mismo idioma. Sin embargo, Dios nos ama a todos por igual. ¿Sabías que todos somos hijos de Dios? ¡Incluso los adultos! Dios ama a todos los niños del mundo. Él los ama sin importar su raza. ¡Por lo que tú deberías!

Katrina comenzó a orar: ¡Dios mío, eres tan creativo! Gracias por hacernos a todos diferentes porque la vida sería muy aburrida si todo el mundo fuese igual. Si todos nos pareciésemos y sonáramos igual, podrías confundirte en nuestras oraciones. Pero, porque yo soy único y no hay nadie en el mundo entero como yo, sé que me escuchas cada vez que oro y sabes exactamente dónde encontrarme. Dios, perdónanos por juzgar a las personas por su raza. Enséñanos a amar y a llevarnos bien con todo el mundo. Ayúdanos a comprender que todos somos hermanos y hermanas, porque tú eres nuestro Padre. Cambia nuestros corazones para que podamos tratar a los demás como de la familia sin importar el color de nuestra piel. Amén.

Cuando los niños oran, son capaces de amar con un corazón puro.

Lo que Dios dice sobre el racismo: "Si decimos que amamos a Dios, pero odiamos los demás, somos mentirosos. Porque no podemos amar a Dios, a quien no hemos visto, si no amamos a otros que hemos visto" - 1 Juan 4:20, NVI

Ama a tu prójimo como a ti mismo.
-Mateo 22:39, NVI

Sigan amándose como hermanos y
hermanas.
-Hebreos 13:1, NVI

Intimidación

Ana era más alta que todo el mundo en su clase. Los otros niños le ponían nombres como "Jirafa" y "Pajarote". Esto causó que Ana se sintiese muy herida y deprimida. Por lo tanto, ella comenzó a intimidar a los otros niños para sentirse mejor. Ella robaba su dinero para el almuerzo y los hacía llevar sus libros a clase. También amenazó con darles una paliza si hablaban de ella.

Un día, Ana comenzó a burlarse de una chica llamada Julieta, que era mucho más pequeña que ella. Ella jaló a Julieta por el cabello y la empujaba cada vez que la veía. Julieta empezó a tener mucho miedo de Ana porque era el doble de su tamaño, y aunque ella tratase de defenderse, probablemente no ganaría. Así que Julieta le dijo a su maestro acerca de todas las cosas malas que Ana le había hecho. Sin embargo, Sra. Gomez respondió: "¡Julieta, deje de acusar y aprende a ponerte de pie por ti misma!" Eso hizo que Julieta se sintiese aún con más miedo e impotente porque no sólo estaba Ana intimidándola en la escuela, sino que ella también estaba difundiendo un montón de rumores acerca Julieta en Internet. Como resultado, Julieta se hizo demasiado deprimida y avergonzada de ir a la escuela. A menudo fingió estar enferma para no ir a la escuela. La mamá de Julieta notó su repentino cambio de comportamiento, y ella le preguntó. Julieta le dijo a su madre que estaba siendo intimidada, y ella ya no quería ir a la escuela. Ella también dijo que deseaba nunca haber nacido. La mamá de Julieta llamó inmediatamente al director, y Ana fue expulsada de la escuela.

Los intimidadores vienen en todas las formas, tamaños y colores. Tú puedes ser intimidado por ser negro, blanco, un niño, una niña, o por ser rico o pobre. ¿Sabías que algunos estudiantes incluso son intimidados por sacar buenas calificaciones? ¿Puedes creerlo? Recuerda que no es tu culpa el ser intimidado. Los intimidadores no están contentos con ellos mismos. Por lo tanto, tratan de sentirse mejor haciendo a otros infelices. Es importante tener valor cuando te enfrentas a intimidadores. Nunca debes permitirles que te vean llorar o muestren algún signo de tener miedo, porque los agresores viven de miedo. Ser intimidado puede hacer que te sientas solo, enojado, y deprimido. Sin embargo, dejar la escuela o suicidarse no es una opción para evitar a los intimidadores. Siempre camina con un grupo de amigos y dile a más de un adulto que estás siendo intimidado.

Julieta comenzó a orar: Dios mío, eres tan valiente. Gracias por mantenerme a salvo de los intimidadores. Hazme sordo ante las cosas malas que los agresores me dicen. Dame sabiduría para pedirle ayuda a la persona adecuada. Ayúdame a entender que pedir ayuda es un signo de fortaleza, no de debilidad. Rodearme con amigos que tengan el coraje de intervenir por mí. Por favor enséñale a los intimidadores cómo sentirse bien con ellos mismos para que no vayan a tratar de hacerme sentir mal conmigo mismo. Dios, dame el coraje de enfrentar a mis enemigos y enséñame cómo amarlos incluso cuando digan cosas malas y odiosas sobre mí. Amén.

Cuando los niños oran, encuentran coraje para enfrentarse a sus miedos.

La defensa de Dios contra los intimidadores: "Porque Dios no nos dio un espíritu de temor, sino de poder, de amor y de dominio propio" - 2 Timoteo 1: 7, NET

*Bienaventurados los pacificadores,
porque ellos serán llamados hijos de Dios.
-Mateo 5:9, NVI*

*Mirad que nadie devuelva mal por
mal, sino siempre tartar de hacer el bien
a los demás y a todas las personas.
-1 Tesalonicenses 5:15, NVI*

Pasando Pruebas Difíciles

Las matemáticas son la asignatura más difícil para la mayoría de los estudiantes, ya que les obliga a desarrollar y utilizar habilidades de pensamiento crítico. Nuestro maestra de matemáticas, Sr. Campos, siempre nos dice: "Si hay algo que no entiendes, o si hay algo con lo que estás teniendo problemas, ven a hablar conmigo antes o después de la clase y yo te ayudaré. No esperes hasta el día de prueba para hacerme una pregunta porque no voy a hablar contigo después de que pase las pruebas".

Nicolás y Audrey estaban ambos fallando en su clase de matemáticas, pero estaban demasiado avergonzados para pedir ayuda. No querían que los otros niños se burlaran de ellos. Afortunadamente, vieron al Sr. Campos en el pasillo, y le pidieron ayuda.

¿Sabías que Dios es el mejor maestro? Cada día, nos da la oportunidad de pedirle lo que necesitamos y ayuda con las cosas que no entendemos a través de la oración. Al igual que Sr. Campos, a veces Dios también está en silencio cuando estamos pasando por pruebas. Durante estos tiempos, Dios quiere que nosotros desarrollemos y utilicemos habilidades de oración críticas. Él nos la ha dado la Biblia como una guía de estudio de manera que estamos preparados para las pruebas más difíciles de la vida. Lo bueno de esto es que todas nuestras pruebas son pruebas de libro abierto, y podemos abrir la Biblia para encontrar todas las respuestas.

Nicolás comenzó a orar: ¡Buenos días, Dios! ¡Eres un maestro increíble! Gracias por enseñarnos las cosas que no entiendo. Perdónanos por no pedir tu ayuda primero. Ayúdanos a darnos cuenta de que no hay fracaso en ti, y que pedir ayuda no significa que somos tontos. En realidad es una señal de que estamos creciendo y aprendiendo. Danos la capacidad de recordar fácilmente lo que hemos estudiado y leído. Dios, danos la fe, la sabiduría y el conocimiento para pasar al siguiente nivel en ti y en la escuela. Amén.

Cuando los niños oran, son capaces de pasar sus pruebas más difíciles.

Clave de la respuesta de Dios: "Porque yo puedo hacer todas las cosas a través de Cristo que me fortalece" - Filipenses 4:13, NVI

*Si no tienes sabiduría, pídela
a Dios. Él siempre está dispuesto a
darte y nunca dirá que estás equivocado por
preguntar.
-Santiago 1:5, NLV*

*Nunca olvides la formula de
Dios para tu vida:
DIOS > mis problemas = La Verdad*

Perdonar

Un día, mientras que jugando afuera, Tomás accidentalmente empujó a Victoria. Victoria comenzó a llorar porque ella se raspó la rodilla. Tomás inmediatamente se disculpó con Victoria, y ella lo perdonó. Sin embargo, el hermano mayor de Victoria, Samuel, se enteró de lo sucedido. Quería pelear con Tomás porque amaba a su hermana pequeña más que nada. Victoria explicó a Samuel que fue un accidente y que Tomás ya había pedido disculpas, y ella lo había perdonado. Sin embargo, Samuel todavía no podía perdonar a Tomás. Así, Victoria le preguntó a su hermano, "¿Te acuerdas de cuando me empujaste accidentalmente? Yo te perdoné, ¿entonces por qué no puedes perdonar a Tomás?" Samuel se dio cuenta de que no podía perdonar a Tomás porque no se había perdonado a sí mismo por herir accidentalmente a su hermana.

A veces es difícil de perdonar a otros que nos han herido o alguien a quien amamos. Sin embargo, es muy importante practicar el perdón, porque aferrarse a rencores puede hacer que nos enojamos y violentemos. También puede causar que tengamos problemas de salud. Más importante aún, los rencores se mantienen en nuestros corazones. Por lo tanto, la falta de perdón destruye nuestros corazones. ¿Sabías que la falta de perdón puede bloquear que nuestras oraciones sean escuchadas por Dios? Nunca debemos dar a nadie tanto poder sobre nosotros. Debemos pedir perdón a Dios y pedirle que nos ayude a perdonar a nosotros mismos y a otros sobre una base diaria para que oiga y conteste nuestras oraciones.

Samuel comenzó a orar: Padre Dios, eres tan bueno. Tú eres un Dios que perdona. Gracias por perdonar incluso cuando no perdonamos a los demás. Dios, crea en nosotros un corazón limpio para que podamos perdonar a los demás y ser agradables a la vista. Ayúdanos a comprender que no tenemos derecho a guardar rencor contra nadie porque nunca has retenido uno contra nosotros. Danos la valentía de decir "lo siento" cuando hagamos el mal a los demás y enséñanos cómo dejar de lado las cosas que no podemos cambiar. Amén.

Cuando los niños oran, son capaces de encontrar el perdón en sus corazones.

Dios dice: "Si ustedes perdonan a otros el mal que les han hecho a ustedes, su padre en los cielos os perdonará también" - Mateo 6:14, NVI

¿Puedes pensar en un momento en que querías que alguien te perdonase? ¿Qué Pasó?

El aferrarse a un rancor duele más que la persona contra lo cual lo tienes. ¡Déjarlo ir!

Seguridad

Diego se crio en una granja donde había muchos pollos. Un día, Diego oyó sus pollos haciendo mucho ruido. Así, él salió corriendo para ver lo que estaba pasando. Vio un halcón volando hacia sus pollos, y la gallina madre hacía señas para sus pollitos bebé vinieran a ella. La mamá gallina extendió sus alas conforme sus polluelos corrieron hacia ella. Después de todo de ellos estaban seguros debajo de sus alas, ella los cubrió de manera que el halcón no pudiese hacer daño a sus pollitos. Como resultado, el halcón voló más allá de ellos, ya que tenía miedo de la mamá gallina y todos estuvieron a salvo.

Al día siguiente en la escuela, Diego estaba hablando con sus amigos, Camila y Sofia, en el almuerzo, cuando, de repente, oyeron lo que sonaba como disparos. Diego recordó que así como los polluelos corrieron a su madre por seguridad, también podría correr a Dios en el momento de peligro. De inmediato se agarró a sus amigos por sus manos, y corrió detrás de uno de los pilares en toda la habitación. Como resultado de ello, quedaron a salvo del peligro.

Diego se puso a rezar: ¡Dios mío, eres absolutamente increíbles! Eres nuestra espada y escudo. Gracias por tu protección. Por favor perdónanos por sacarte de nuestras escuelas. Dios, te pedimos que por favor regresa porque nos damos cuenta de que te necesitamos aquí para protegernos de las armas y todas las demás formas de violencia. Dios, por favor, mantennos seguros en nuestros hogares, en la escuela, eventos deportivos, la iglesia, y en todas partes a donde vayamos.

Señor, sé nuestro guardaespaldas personal de todo daño, accidente y peligro. Por favor, haz de nuestra escuela un lugar para orar. Amén.

Cuando los niños oran, encuentran seguridad.

Consejo de seguridad de Dios: "El nombre de Jehová es una torre fuerte. Los justos corren hacia ella y están a salvo" - Proverbios 18:40, NVI

Lea el Salmo 91 todos los días antes de salir y entrar en tu casa. Es un salmo de protección.

Nunca debes traer ningún arma a la escuela. Si ves a alguien con un arma, dile de inmediato a un adulto.

Cuando Alguien Muere

La madre de Sara tiene una enfermedad del corazón. Cuando las personas tienen una enfermedad cardíaca, el corazón y los vasos sanguíneos no funcionan de la manera que deberían, y eso los hace muy enfermos. La madre de Sara ha estado en el hospital durante tres meses. A pesar de que va a visitar a su madre todos los días después de la escuela, Sara todavía parece un poco triste. Yo trato de animarla haciendo cosas que hacen reír. Funciona por un rato, pero luego me doy cuenta de que está triste de nuevo.

Hoy, fui con Sara a visitar a su madre. Su madre no se sentía tan bien, y estaba teniendo problemas para respirar. El médico nos dijo que teníamos que salir de la habitación. Así Sara besó a su madre y le dijo que la amaba. Esperamos en el pasillo durante mucho tiempo. Por último, el médico salió y dijo a Sara y su padre una noticia muy triste. La madre de Sara había fallecido. Sara se puso a llorar. Su padre le dio un fuerte abrazo y le dijo que todo iba a estar bien.

Nadie vive por siempre; por lo tanto, es importante que vivamos cada día como si fuera el último. Debemos decir a nuestros amigos y familiares que los amamos tanto como sea posible. También es importante comer una dieta saludable y hacer ejercicio regularmente para que podamos vivir una vida más larga.

Sara comenzó a orar: Querido Dios, tú eres el dador de la vida. Gracias por darme a mi madre. Desearía que ella se hubiese quedado conmigo un poco más de tiempo, pero sé que sabes lo que es mejor para ella a pesar de que yo no podría entender por qué tenía que dejarme. Dame la fuerza y la paz durante los tiempos en que la extraño más. Tú dijiste en tu palabra que cuando mi madre y mi padre me dejen, ellos cuidarían de mí. Dios, te pido que me consuele durante este tiempo de tristeza. Gracias. Amén.

Cuando los niños oran, son capaces de encontrar paz durante tiempos difíciles.

Dios dice: "Él enjugará toda lágrima de tus ojos, y no habrá más muerte, ni tristeza, ni clamor, ni dolor. Todas estas cosas se habrán ido para siempre" (Apocalipsis 21: 4, NVI).

El hombre justo camina en integridad; Sus hijos son dichosos después de él.
-Proverbios 20:7, NVI

¿Qué quieres ser cuando crezcas?
¿Por qué?

Cuando Crezca

Hoy era el día de las profesiones en la escuela. Ángel y Gabriela llegaron vestidos como enfermeras. Cuando la señora Martin les preguntó por qué querían ser enfermeras, le dijeron que querían salvar las vidas de las personas. Katrina estaba vestida como un oficial de policía porque quería proteger a la gente buena de los chicos malos cuando crezca. Lucas llegó vestido como jugador de fútbol porque quiere jugar al fútbol profesional. Mateo llegó vestido como predicador porque quería pastorear una iglesia algún día. La señora Martin les alabó por tener tales objetivos impresionantes. Sin embargo, ella les explicó que ellos deben aprender a desarrollar la honestidad y la integridad con el fin de tener éxito en sus carreras.

¿Sabías que Dios también tiene planes para tu vida? Es importante preguntarle a Dios cuáles son sus planes para tu vida. También es muy importante tener sueños y metas. Sin ellos, perderás el enfoque y el deseo de hacer bien en la escuela. Es posible que desee convertirse en un pastor, un médico, un maestro, o puede que quieras jugar el deporte profesional. Sin embargo, primero debes desear ser una persona de buen carácter.

Mateo comenzó a orar: ¡Dios mío, son el modelo perfecto! Gracias por tus planes para nuestras vidas. Perdónanos por hacer planes sin ti. Dios, te pedimos que nos muestres los planes que tienes para nosotros y nos orientes en esa dirección. Enséñanos a ser hijos de la integridad de modo que no vayamos a tener hijos sin estar casados primero y para que nunca pasemos una noche en la cárcel cuando crezcamos. Vamos a crecer para ser transformadores del mundo que vivamos en carne las promesas de Dios. Amén.

Cuando los niños oran, desarrollan integridad y sabiduría para hacer que sus sueños se hagan realidad.

El plan de Dios: "Porque yo sé los planes que tengo de vosotros, dice el Señor. Son planes para bien y no de desastres, para darles un futuro y una esperanza" - Jeremías 29:11, NTV

El hombre justo camina en integridad; Sus hijos son dichosos después de él.
-Proverbios 20:7, NVI

¿Qué quieres ser cuando crezcas?
¿Por qué?

Familia

La mayoría de los niños en la escuela piensan que Pablo y Paula tienen una familia perfecta. Su padre, Felipe, es un abogado y su madre, María, es un médico. Pablo y Paula usan la mejor ropa y zapatos, y sus padres les compran casi cada nuevo juego juguete y vídeo que sale. Pablo y Paula pretenden como si tuvieran una vida de ensueño en la escuela. Sin embargo, en el hogar, es una historia totalmente diferente. La verdad es que sólo ven a su padre dos veces por semana y sólo ven a su madre tres veces en una semana debido a su horario de trabajo. Su madre siempre está demasiado cansada para ayudarles con sus tareas y su padre nunca tiene tiempo para asistir a sus partidos de fútbol los sábados. Ambos padres les gritan si piden ayuda con sus tareas porque están muy cansados y estresados del trabajo. Además de eso, Pablo está jugando siempre sus videojuegos, y Paula habla por su teléfono celular, hasta la hora de dormir todas las noches. Por lo tanto, no tienen una estrecha relación.

Mientras Pablo y Paula aman todas las cosas buenas que sus padres compran para ellos, ellos aman a sus padres aún más. Ellos prefieren pasar más tiempo con sus padres que tener todos los últimos juguetes y juegos de video. ¿Sabías que Dios también quiere pasar tiempo contigo? Puedes pasar tiempo con Dios, orando, cantando a Dios, o leyendo la Biblia.

Pablo comenzó a orar: ¡Querido Dios, tú eres el padre perfecto! Gracias por siempre tener tiempo para nosotros. Perdónanos por no pasar suficiente tiempo contigo y con nuestra familia. Ayuda a que nuestros padres entiendan que si bien es posible que tengamos dinero, necesitamos su tiempo, amor, y apoyo en la misma medida. Por favor, no dejes que nuestros padres estén demasiado cansados para pasar tiempo con nosotros y orar con nosotros. Ayúdales a lidiar con el estrés de sus puestos de trabajo para que no nos vayan a gritar cuando accidentalmente lleguemos demasiado alto o pidamos su ayuda con nuestra tarea. Enséñale a mi hermana y a mí cómo pasar tiempo con ellos antes de que juguemos nuestros juegos de vídeo o hablemos por teléfono. Dios, por favor acércanos juntos como una familia y enséñanos cómo equilibrar nuestra vida cotidiana. Amén.

Cuando los niños oran, las familias se vuelven más cercanas.

El consejo de Dios para las familias: Si una casa está dividida contra sí misma, tal casa no puede permanecer -Marcos 3:25, NVI

Padres, no agravian a sus hijos, o se desalentarán.
-Colosenses 3:21, NVI

¿Qué puedes hacer para pasar más tiempo con tu familia?

Soy Importante

¿Alguna vez te has sentido solo y triste? ¿O Alguna vez te has sentido deprimido porque no te sientes como si encajas con los otros estudiantes? Tal vez te sentiste de esa manera debido al color de tu piel. O tal vez te sientes como si no fueras tan bonita o tan guapo como algunos de tus compañeros de clase. Puede que incluso hayas sentido como si no pertenecías porque simplemente no eras una persona importante. ¡Bueno, eso no es cierto! ¡Eres importante y muy especial para Dios! Deja que te enseñe.

Había un pastor, llamado Jorge, que tenía cien ovejas. Él las conocía a todas por sus nombres. Un día, él las llevó a la pradera para comer. Después de que terminaron, los llevó de vuelta a su casa. Como a mitad del camino a casa, Jorge decidió parar y contar sus ovejas para asegurarse de que todas estuvieran con él. Se dio cuenta de que le faltaba una de sus ovejas. El nombre de la oveja era Linda. Esto hizo que Jorge se volviese lloroso porque amaba a todas sus ovejas, y no podía imaginar vivir sin una de ellas. Así, dejó a las noventa y nueve ovejas y corrió de nuevo a encontrar la que le faltaba. Cuando la vio, su rostro se iluminó de alegría. Gritó, "¡Linda! ¡Allí está mi niña preciosa! "Jorge estaba tan emocionado que corrió y abrazó a Linda. Incluso la recogió y la llevó de vuelta a casa en lugar de dejarle que caminase, porque no quería que ella se perdiese de nuevo.

¿Sabías que Dios es nuestro pastor? Él nos conoce a todos por nuestros nombres. No tienes que sentirte perdido jamás, solo o deprimido cuando no encajas porque Dios sabe exactamente donde estás, y siempre va a venir a tu rescate. Incluso cuando crees que estás solo, Dios está siempre contigo. No encajar con una multitud no es siempre una mala cosa.

¡A veces, sólo significa que eres especial y único! ¡Algunas personas nacen para destacar!

Ora conmigo: ¡Querido Dios, tú eres el Dios más genial! Gracias por hacerme sentir mejor cuando estoy solo y deprimido. Perdóname por no gustarme a mí mismo y por quejarme de la forma en que me veo. Ayúdame a no sentirme triste cuando yo no soy aceptado por otros. Enséñame a confiar en ti y cómo ser feliz conmigo mismo. Ayúdame a entender que yo no voy a encajar siempre con la multitud. Eso no quiere decir que yo no sea lo suficientemente bueno o lo suficientemente frío como para pasar el rato con ellos. Sólo significa que tu grupo no es para mí. Dios, gracias por permitirme entrar en tu círculo de amigos. Me encantas y me aceptas tal y como soy, y por eso siempre serás mi amigo número uno. Amén.

Cuando los niños oran, empiezan a darse cuenta de lo especial que son.

¿Qué dice Dios acerca de los niños? "Los niños son un regalo del Señor; que son el fruto del vientre" - Salmo 127: 3, NVI

*Dejad que los niños vegan a
mi. ¡No los detengan! Por el Reino
de Dios pertenece a los que son como estos
niños.*
-Lucas 18:16, NTV

*A menos que ustedes cambien y se
vuelvan como niños, no entraréis en el
reino de los cielos.*
-Mateo 18:3, NVI

Enojo

Hola, me llamo es Maria. A veces me siento enojada cuando las cosas no salen a mi manera. No sé por qué me siento así. Solamente lo hago. Cuando mi mamá me dice que limpie mi habitación, a veces lo hago. Pero, a veces no me da la gana, y me enojo cuando ella me lo dice. ¡Desearía que ella simplemente me dejase en paz! ¡Quiero decir, después de todo, es mi habitación, y yo soy el único que tiene que dormir aquí! Recuerdo cuando hice un agujero en la pared porque estaba muy enojado. No sólo estoy enojado en casa, sino que también estoy enfadado en la escuela. A veces, es difícil para mí el sentarme quieto y concentrarme mientras el maestro está enseñando, y muchas veces me meto en problemas por hablar y actuar. El consejero de la escuela le dijo a mi madre y a mí que el médico puede tener que ponerme en medicación para hacerme más tranquilo si no aprendo a controlarme. ¡No quiero tomar ninguna medicina! ¡Quiero decir, no es como que estoy loco! Simplemente no puedo controlarme a mí mismo a veces. No me gusta ser así, pero yo no sé qué hacer.

Maria comenzó a orar: Dios mío, eres un Dios paciente. Gracias por no estar enojado conmigo cuando me equivoco. Perdóname por dejar que mi ira se me salga de las manos. Enséñame cómo controlar mi temperamento y ayúdame a ser un mejor hijo y alumno. Entiendo que es natural enojarse a veces, pero enséñame a hablar sobre lo que me preocupa en lugar de actuar a cabo. Rodearme con gente que será paciente conmigo y ore conmigo. Dios, tengo muchas ganas de ser una mejor persona. Por favor ayúdame a ser un niño tranquilo y obediente y reemplaza mi ira con paciencia y amor. Amén.

Cuando los niños oran, aprenden a controlar su temperamento.

Dios dice: "Todo hombre sea pronto para oír, tardo para hablar, tardo para la ira, porque la ira humana no produce la justicia que Dios desea" - Santiago 1: 19-20, NVI

Y no dejes que la ira te controle...
-Efesios 4:26, NTV

Una persona de mal genio comienza las pelas; una persona de temperament pacífico las detiene.
-Proverbios 15:17, NTV

Padres Solteros

Antonio vive con su madre, Roberta, y su hermana, Bianca. Su madre ha estado luchando para pagar sus cuentas durante los últimos dos meses debido a que su padre se mudó a otro estado después de su divorcio. No sólo ha Roberta estado luchando, Antonio y Bianca han estado teniendo un tiempo difícil también. Antonio se ha vuelto muy enojado ya que su padre se fue, y Bianca se ha vuelto deprimida porque extraña a su padre. Antonio ha estado metiéndose en problemas mucho en casa y en la escuela, mientras que Bianca parece estar triste todo el tiempo. Se queda en su habitación y no habla con su familia y amigos más.

Hay otro niño, llamado Daniel, que vivía con su mamá y su papá hasta que llegó la policía y se llevaron a su padre lejos por la comisión de un delito. La mamá de Daniel también ha estado luchando para pagar sus cuentas porque es la única en la casa que tiene un trabajo. Antes de que el padre de Daniel se fuera, todos ellos seguían una tabla de tareas. Era responsabilidad de Daniel el limpiar su habitación y sacar la basura. Era el trabajo de su mamá el lavar los platos, y su padre era el encargado de cortar el césped. Pero ahora que el padre de Daniel se ha ido, él también tiene que hacer las tareas de su padre. Daniel trata de cortar el césped, pero no puede cortarlo al igual que su padre solía. Esto es muy estresante para Daniel, porque no sólo él tiene más tareas que hacer, él también tiene que cuidar a sus tres hermanas menores, mientras que su madre va a trabajar. Además de eso, él también se siente avergonzado cuando los otros niños se burlan de él porque su padre está en la cárcel.

Es difícil cuando los padres se divorcian. Sin embargo, es importante recordar que no es tu culpa. A veces los adultos simplemente no se llevan bien. También debemos recordar no burlarse de las personas que tienen un padre que está en la cárcel. Si tú tienes un padre que está en la cárcel, no tienes de qué avergonzarte. Nadie es perfecto. Todo el mundo comete errores- ¡incluso los adultos!

Antonio comenzó a orar: ¡Querido Dios, tú eres el padre más grande del mundo! Gracias por tu amor y apoyo. Perdónanos por tratar de hacer todo por nuestra cuenta. Dios, mi madre no puede enseñarnos todo. Hay algunas cosas que sólo un padre nos puede enseñar. Rodearnos con hombres piadosos para mostrarme cómo tratar a las mujeres y mostrarle mi hermana cómo los hombres deben tratarla. Ayúdanos a entender que el divorcio de los padres no es culpa nuestra. Dale sabiduría a mi madre para ganar más dinero para que no tengamos que preocuparnos por lo que vamos a comer, lo que vamos a usar, o donde vamos a vivir. Enséñanos a ser respetuosos con nuestro padre, incluso cuando él no está. Por favor, ayuda a mis padres a tomar las decisiones correctas para que podamos estar juntos como una familia. Sólo soy un niño, y no hay forma de que yo pueda tomar el papel de mi papá en nuestra casa. Dios por favor sé el hombre de nuestra casa. Amén.

Cuando los niños oran Juntos, las familias se vuelven más unidas.

Dios dice: "Dios en su santa casa es un padre para los que no tienen padre..."
Salmo 68: 5, NLV

Honra a tu padre y a tu madre, para que tus días se alarguen en la tierra que el Señor tu Dios te está dando.
-Éxodo 20:12, NVI

Padres, no provoquéis a ira a vuestros hijos por la forma en que los tratéis.
-Efesios 6:4, NTV

Compartiendo

Mariana y Diela son vecinos de al lado. La familia de Margarita tuvo que irse a vivir con la familia de Mariana porque su casa fue derribada por un tornado. A veces Mariana tendía a ser mala con Diela porque ella no quería compartir la habitación con ella. Mariana solía decir: "Me alegraré cuando vuelvas a tu propia casa", y "Tu mamá tiene que comprarte tus propias cosas." Esto hizo que Diela se sintiese muy triste porque pensaba que Mariana era su amiga. Sin embargo, lo que más le dolía era el hecho de que Mariana les dijo a todos en la escuela que Diela estaba viviendo con su familia porque no tenía dónde vivir. Bueno, La casa de Diela fue finalmente terminada unas semanas más tarde y ella se mudó de vuelta a casa. Ella continuó amistoso con Mariana a pesar de que había dicho algunas cosas muy hirientes. Inesperadamente, unos meses más tarde, la mamá y el papá de Mariana perdieron sus empleos debido a que la empresa para la que trabajaban cerró. Por lo tanto, la familia de Mariana tuvo que irse a vivir con la familia de Diela, porque su mamá y papá ya no podían darse el lujo de su casa. Pero, a diferencia de Mariana, Diela felizmente compartió su habitación y pertenencias con Mariana, tampoco le dijo a nadie en la escuela que la familia de Mariana tuvo que irse a vivir con su familia.

Es importante compartir con otras personas porque nunca sabemos cuándo vamos a necesitar a alguien para compartir lo que tienen con nosotros. Nunca debemos hacer que alguien se sienta mal por necesitar nuestra ayuda, y nunca debemos chismear sobre su situación con otras personas. ¿Cómo te sentirías si alguien dijera todos sus secretos?

Recuerda que lo más importante que podríamos jamás compartir es nuestro amor.

Diela comenzó a orar: Querido Dios, tú eres nuestro refugio. Gracias por compartir tu amor con nosotros. Perdónanos por ser egoísta y decir chismes sobre la gente. Enséñanos a compartir con una buena actitud y sin esperar nada a cambio. Ayúdanos a darnos cuenta de que todos necesitamos ayuda de los demás. Crea en nosotros un corazón limpio, de modo que seamos amables y misericordiosos con los demás. Ayúdanos a comprender que nos has bendecido para ser una bendición para otros. Dios, tú que compartiste a tu único Hijo con el mundo.

Lo menos que podemos hacer es compartir las cosas que nos has dado para ayudar a otros. Por favor, danos un corazón puro y manos amigas. Amén.

Cuando los niños oran, son capaces de compartir con un corazón amoroso.

Dios dice: "Y no olvides de hacer el bien y de compartir con los necesitados. Estos son los sacrificios que agradan a Dios" - Hebreos 13:16, NTV

*Pues Dios amó tanto al mundo
que dio a su Hijo unigénito, para que
todo el que crea en él no se pierda, mas
tenga vida eternal.
-Juan 3:16, NTV*

Es siempre major compartir amor que odio.

Amistades

Santiago y Emilio son los mejores amigos. Ellos viven en el mismo barrio, van a la misma escuela, y asisten a la misma iglesia. Santiago y Emilio han sido amigos desde que tenían tres años de edad. Un día, un chico nuevo, llamado Bruno, se trasladó a su barrio. Bruno había sido expulsado de su primera escuela por mal comportamiento. Por lo tanto, su familia se trasladó al barrio de Emilio y de Santiago para que él fuese capaz de ir a la escuela.

Alrededor de la tercera semana de clases, Emilio comenzó a salir con Bruno. Santiago optó por no pasar el rato con ellos, porque no le gustaba lo que estaban haciendo. Bruno empezó a burlarse de los otros niños, y él también robaba sus pertenencias.

Debido a esto, Santiago le dijo a Emilio, "Hombre, no creo que deberías estar saliendo con Bruno. Él te va a meter en un montón de problemas".

Emilio respondió: "¿Y qué? ¿Crees que eres mejor que nosotros? "

Santiago respondió: "No. No creo que sea mejor que tú. Te quiero como a un hermano, y yo no quiero ver que te metes en problemas".

"Hombre, lo que sea," Emilio respondió y airadamente se alejó.

Más tarde ese día, mientras todo el mundo estaba en el almuerzo, Bruno le pidió a Emilio regresar al salón de clases con él para conseguir su teléfono celular. Emilio estuvo de acuerdo. Bruno esculcó en la mochila de otro estudiante y le robó su teléfono celular. Emilio no sabía que el teléfono no pertenecía a Bruno. Mientras caminaban fuera de las aulas, el entrenador

Babb vio que Bruno tenía un teléfono celular en la mano, y se lo quitó. El entrenador Babb descubrió que el teléfono pertenecía a su hijo, Matt. Como resultado, Bruno fue suspendido de la escuela por robar. A pesar de que Emilio no tenía ni idea de que el teléfono fue robado, también fue suspendido porque estaba con Bruno cuando fue robado.

Santiago comenzó a orar: Querido Dios, tú eres mi mejor amigo. Gracias por animarme a hacer lo correcto. Perdóname por seguir los malos consejos de la gente con la que me junto. Enséñame a defender lo que es correcto, sin tener miedo de que mis amigos vayan a reaccionar. Rodéame con amigos que saquen lo mejor de mí. Ayuda a los que elijo no juntarme y que entiendan que no creo que soy mejor que ellos. Yo simplemente he optado por seguir un camino diferente. Enséñame a no ser crítico y chismear acerca de las cosas que ellos decidan hacer. En su lugar, ayúdame a rezar para que cambien sus formas. Dios, enséñame a ser un verdadero amigo que ama en todo momento. Amén. *Cuando los niños oran, escogen a sus amigos más sabiamente.*

Dios dice: No te dejes engañar: "Las malas compañías corrompen las buenas costumbres" – 1 Corintios 15:33, VEI

Un amigo ama en todo momento.
-Proverbios 17:17, NKJV

Incluso los niños pequeños son por sus
acciones...
-Proverbios 20:11, NVI

Liderazgo

Un líder es una persona que guía a un grupo de personas o país. Los líderes pueden encontrarse casi en cualquier parte del mundo. Los padres son los líderes de sus hogares. Los maestros son líderes de sus aulas, mientras que el director es el líder de toda la escuela. Los pastores son los líderes de las iglesias, y el presidente lidera nuestro país.

Una noche, Estrella estaba viendo la televisión con su madre, Elizabeth, y vio una noticia muy triste. Millones de personas estaban sin hogar y no tenían un puesto de trabajo a causa de una guerra en todo el mundo. Además de eso, millones estaban también en hospitales y muchos perdieron la vida a causa de la guerra. Ana se puso a llorar porque se sentía tan mal por todas las personas que resultaron heridas.

Ella le preguntó a su madre: "¿Por qué tenemos que tener guerras y matar a gente inocente? ¿No podemos llevarnos bien todos? Me gustaría que hubiera algo que yo pudiera hacer para ayudar a aquellas personas que sufren".

Elizabeth respondió: "Vamos a la guerra porque nuestros líderes no se pondrán de acuerdo para tomar las mejores decisiones para todo el mundo de una manera pacífica. Si bien no podemos controlar las acciones de nuestros líderes, siempre podemos orar por ellos".

Estrella comenzó a orar: ¡Querido Dios, tú eres el mejor líder que ha existido! Gracias por mostrarnos el camino correcto. Perdónanos por no siempre seguir tus instrucciones. Dios, por favor ayuda a nuestros padres, conductores de autobús, maestros, policías, y pastores a convertirse en los mejores líderes que puedan ser. Por favor, protege a todos nuestros líderes; incluyendo a nuestro presidente. Mantenlo a él y a su familia a salvo de todo peligro. Ayúdale a tomar las mejores decisiones para nuestro país. Dale el coraje para defender lo que es correcto y no lo que es popular. No le permitas tomar decisiones por codicia o egoísmo. Anímalo a luchar por nuestra libertad de religión y la libertad de expresión. Dale manos limpias y un corazón puro. Toca los corazones de todos los líderes del mundo y ayúdales a entender que es mejor vivir en paz de lo que es ir a la guerra. Amén.

¡Cuando los niños oran, las naciones son cambian!

¿Qué dice Dios acerca del liderazgo? "Cuando los justos dominan, el pueblo se alegra; Pero cuando domina el impío, el pueblo gime" - Proverbios 29: 2, NKJV

*¿Cuáles son algunas características
de un buen líder?*

*Jehova es mi pastor; Nada me faltará.
-Salmo 23:1, KJV*

¡Los niños son las más geniales personas en el mundo! ¿No me creen? ¡Miren esto!

Dios dice: "El que se vuelva como este niño, ése es el mayor en el reino de los cielos" - Mateo 18: 4, GWT

Cuando los niños oran, ¡se dan cuenta de que están llenos de grandeza!